Der junge Mozart

The young Mozart
Le jeune Mozart

für Klavier
for Piano
pour Piano

Leicht spielbare Originalkompositionen
des sechs- achtjährigen Mozart für Klavier

Easy original pieces for piano,
written by Mozart at the age of six and eight years

Morceaux faciles originaux pour piano
écrits de Mozart âgé de six et huit ans

Herausgegeben von / Edited by / Edité par
Heinz Schüngeler

ED 9008
ISMN 979-0-001-11386-1

SCHOTT

www.schott-music.com

Mainz · London · Berlin · Madrid · New York · Paris · Prague · Tokyo · Toronto
© 1996/2008 SCHOTT MUSIC GmbH & Co. KG, Mainz · Printed in Germany

Vorwort

Die Stücke des vorliegenden Heftes sind zum größten Teil dem sogenannten *Londoner Skizzenbuch* Mozarts entnommen, das der Achtjährige auf seiner Englandreise im Jahre 1764 angelegt hat. Außerdem wurden einige frühere Stücke, die der junge Mozart schon 1762 in Salzburg schrieb, aufgenommen. Der Notentext hält sich an die Originalfassung, offensichtliche Schreibfehler wurden verbessert. Da die Ausgabe vor allem für den Unterricht gedacht ist, schien es angebracht, einige Spielhilfen zu geben. So wurden die typischen Vorhaltsbildungen des 18. Jahrhunderts in die heute gebräuchliche Schreibweise aufgelöst. Alle dynamischen Vorschriften und ein großer Teil der Artikulations- und Vortragszeichen sind Zusätze des Herausgebers. Fingersätze wurden nur sparsam angebracht. Die Stücke wurden annähernd nach zunehmenden Schwierigkeitsgrad angeordnet.

Preface

The pieces in the present volume are taken for the most part from Mozart's so-called *London Sketch Book*, written on his English tour in the year 1764, at the age of eight. There are also several earlier pieces which the young Mozart wrote in Salzburg in 1762. The original text has been retained; obvious errors in notation have been corrected. Since this edition is intended primarily for teaching purposes, it seemed fitting to include some aids to execution. The typical 18th century appoggiaturas have therefore been written in the modern form. All the dynamic marks and a large part of the phrasing and expression marks have been added by the editor. Fingering is only sparingly given. The pieces are arranged more or less according to difficulty.

Préface

La plupart des pièces de ce présent recueil est tirée du carnet d'esquisses intitulé *londonnien* et que Mozart âgé de huit ans a composé lors de son voyage à Londres en 1764. En outre on y a adjont quelques pièces antérieures, écrites déjà Salzburg en 1762. On s'en est tenu au texte original en n'améliorant, que ce qui nous a paru être des fautes d'écriture. Cependant comme nous prévoyons que cette édition se destine principalement à l'ensegnement, il nous a semblé bon d'y suggérer quelques moyens d'exécution. On a aussi résolu les retards, typiques à l'écriture du 18e siècle, suivant notre habitude contemporaine. Toutes les indications dynamiques et grande partie de l'articulation sont des adjonctions de l'éditeur. Les doigtés sont choisis parcimonieusement et la suite de ces piécettes est graduelle suivant la difficulté d'exécution.

Heinz Schüngeler

Menuett

KV 2
(Januar 1762)

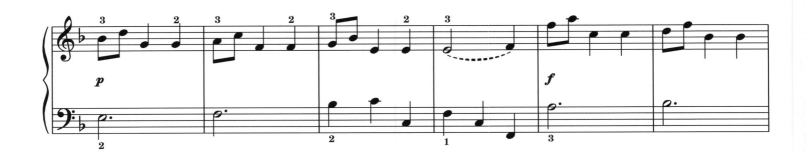

Allegro

KV 3
(4.3.1762)

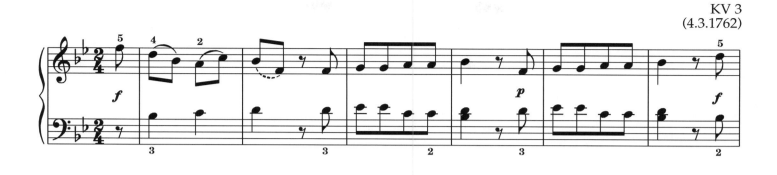

Allegro

KV 1ᶜ
(11.12.1761)

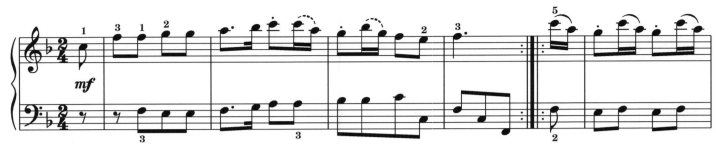

Menuett

KV 6
(Oktober 1763)

Menuett

KV 15^{PP}

Kontretanz

KV 15 h

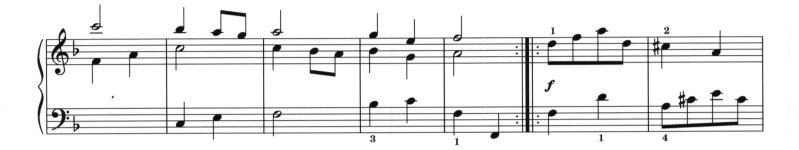

Menuett

KV 15^c

Air

KV 15^{ff}

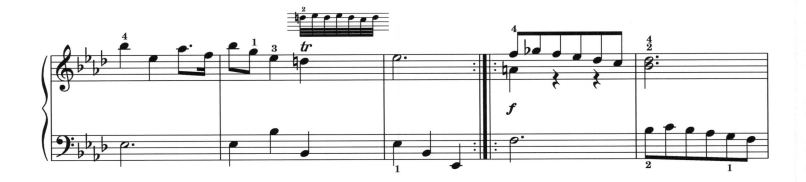

Kontretanz

KV 15^e

Menuett

KV 15^{oo}

Allegretto

KV 15ª

Menuett

KV 1ᵉ

[Fine]

Trio

KV 1ᶠ

[Menuett da capo al Fine]

Rondo

KV 15^d

Fine

Da Capo al Fine

48 710

Menuett

KV 5
(5.7.1762)

Andante

KV 15ⁱⁱ

Andante

KV 15^{mm}

Air

KV 15 ^{qq}

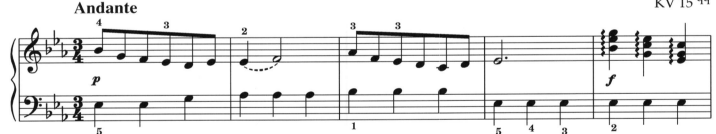

Presto

Allegretto

Siciliano

Rondo

KV 15hh

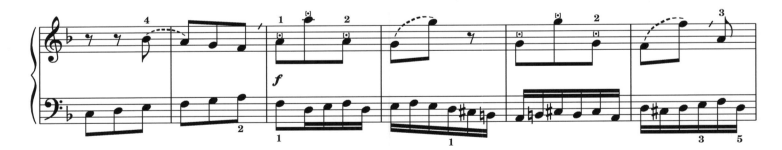

Menuett

KV 4
(11.5.1762)

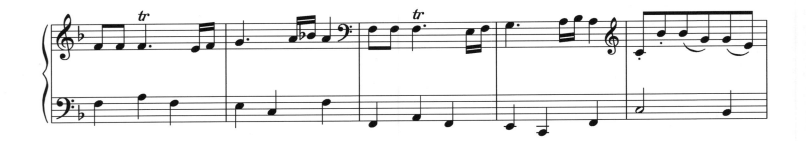

Schott Music, Mainz 48 710